AF190386

Ernst Woll

Das wollte ich gern mal sagen
Gedichte

Herstellung und Verlag: BoD - Books on Demand,
Norderstedt ISBN 9783744868433

Inhalt

Humor

Nachdenkliches

Tiere

Satire

Weihnachten

Eine Einleitung in Reimen

Schon in der Jugend interessierte es mich sehr,
wo kommen eigentlich unsere Gedanken her?
Nun gehe ich auf 90 Lebensjahre zu
und diese Frage lässt mir doch noch keine Ruh´.
Ich habe Veterinärmedizin studiert,
damit wird es für mich besonders kompliziert,
denn ich wollte auch zusätzlich ergründen
lassen sich bei Tieren auch Gedanken finden?
Ja, für höhere Lebewesen meine ich das schon,
sonst gäbe es nicht den heutigen Stand der Evolu-
tion.
In der Gehirnanatomie und auch -physiologie
forscht man seit Jahren mit großer Akribie.
Mit Grundlagenforschung der Neurowissenschaften
Forscher in der Neuzeit gute Ansätze schafften
viele Zusammenhänge des Denkens aufzuklären
und
Laien verständliche Erkenntnisse zu gewähren.

So merke ich jetzt im Alter deutlicher denn je,
wie ich in Gedanken die Vergangenheit seh´.
Was ich erlebte, Umgang mit Menschen und, und,
und,
mal behalt ich es für mich, mal tu ich es kund.
Ja, so entstehen meine Gedanken zuhauf
mit Freude schreibe ich sie hier nunmehr auf.
Warum tue ich das in Versen, in Gedichten?
Damit lässt sich konzentriert, kurzgefasst berichten.

Gedanken über Gedanken

Es wurde schon unzählige Male beschrieben
einerseits seriös aber auch stark übertrieben:
Könnte es vielleicht künftig auch passieren,
dass wir natürliche Schutzfunktionen verlieren?
Der Wunsch der Menschen ist es immer gewesen,
man wollte die Gedanken der Mitmenschen lesen.
Wichtig wäre das für Ermittler, die Kriminalisten,
die bei der Verbrechensaufklärung gern wüssten:
Sagen die Straftäter die Wahrheit oder nicht?
Bedeutend wird dieses dann auch für das Gericht.
Nicht allein existiert dieses Beispiel bis heute,
man fragt sich: Gibt es absolut ehrliche Leute?
Ich denke nein: Seit bestehen der Menschheit
schon,
wäre das in unserer diskrepanten Welt eine Illusion.

Warum können wir aber die Gedanken verwalten,
sie offenbaren oder auch geheim immer halten?
Vermutlich sind es Sicherungen zum Überleben,
auch, um das eigene Ich nicht preis zu geben.
Mit Computer wurden nun Maschinen erfunden,
die lassen bisher unerforschte Details erkunden
und ich sehe dazu Ergebnisse nicht mehr fern:
Niemand kann sich gegen Enthüllen von Gedanken
sperr´n!

Anmerkung:

Der Text zum Volkslied „Die Gedanken sind frei,
niemand kann sie erraten" hatte über 200 Jahre Be-
stand, könnte der Inhalt in der Zukunft nicht mehr
wahr sein?

Aphorismen

Lügen

Vor dem Belügen ist man nicht resistent,
auch wenn man denkt, dass man den Partner gut
kennt.

Wenn Berater Überredungen mit Vertrauen tarnen
muss dich das vor versteckten Lügen warnen.

Wenn erste Lügen häufig weitere nach sich ziehen,
kann man Verstrickungen nicht mehr entfliehen.

Wenn Erfolge durch Lügen errungen
ist selten Stabiles gelungen.

Guten Bekannten gelingt es leichter dich zu betrü-
gen,
du bist häufig gutgläubiger bei ihren Lügen.

Vertrauenmissbrauchendes Betrügen
beginnt oder endet häufig mit Belügen.

Egoismus

Lassen wir kranken Egoismus weiterhin expandieren
riskieren wir damit, die Welt an den Abgrund zu führen.

Schädigt menschlicher Egoismus keine Mitmenschen
und wirkt auf die Umwelt nicht zerstörend ein,
konnte er dann schon und könnte weiterhin unterstützend für sinnvolle Evolution auch sein?

Mittel gegen Einsamkeit

Willst du selbst der Einsamkeit entfliehen
musst du dich auch immer darum bemühen,
den Menschen freundlich gegenüber zu treten,
zuzuhören, nicht nur immer selbst zu reden.

Leere Gedankenwelt

Wenn du nur selten gründlich nachdenkst,
nur Äußerlichkeiten Interesse schenkst,
 kannst du gelegentlich unbeschwerter leben,
Erfüllung ist dir damit aber kaum gegeben.

Wissen mit Geld bewerten

Moderne Menschen auf unserer Welt
bewerten alles nur noch in Geld.
Eine Währung für´s Wissen aber fehlt,
weil hier nicht Berechenbares zählt;
auch wäre es bestimmt zu vermessen
alles gespeicherte Wissen so zu bemessen.

Prosa statt Lyrik

Wer beim schwierigen Reimen flucht,
weil er erfolglos nach Worten sucht,
der sollte das Dichten lieber lassen
und sich nur noch mit Prosa befassen.

Kinder und Eltern

Durch das Vorbild der Eltern wird Kindern für´s
Leben
ein vieles entscheidender Wegweiser gegeben.

Wer mit Freude an seine Kindheit denkt,
dem hat das Leben viel Gutes (Glück) geschenkt.

Fürsorgliche Eltern bestellen Kindern das Feld,
das sie rüstet für die Stürme der Welt.

Werden Vergehen ihrer Kinder bewiesen und be-
kannt
hält eine Mutter dennoch über sie die schützende
Hand.

Wider die Aufregung

Gegen innerliches „Kochen", dabei auf Uner-
reichbares zu pochen,
hilft möglicherweise etwas Schmackhaftes zu ko-
chen.

Wider den Streit

Streitsuchende sind meistens lahm zu legen,
tritt man ihnen freundlich, froh entgegen.

Durchschnitt

Im Leben wird der Durchschnitt nicht angestrebt,
weil jeder gern länger als der Durchschnitt lebt.

D und t der Unterschied

Spricht ein Fragender d und t nicht richtig aus,
könnte man ihn schicken in ein falsches Haus,
denn im Radhaus parkt man die Fahrräder
jedoch im Rathaus regieren die Stadtväter.

Falsch und verkehrt
Wer mit falschen Menschen verkehrt
macht offenbar meist etwas verkehrt;
man lässt sich nicht nur mit falschen ein,
diese können dazu auch falsch noch sein.

Vorsilbe
Mit der Vorsilbe „un"
lässt sich so manches tun,
man hat sogar ein gutes Gewissen,
fischt man mit ihr im Ungewissen.

Unerhört
Unerhört sind oft Beleidigungen,
auch einige Gebete bleiben unerhört.
Ein Wort mit mehreren Bedeutungen;
es steht auch für unverschämt und empört.

Ratschlag
Will man sich gesund ernähren
sollte man sich dagegen wehren,
Werbeversprechen zu vertrauen,
lieber auf sein Bauchgefühl bauen!

Doppeldeutiges Gericht
Steht vor dir ein schmackhaftes Gericht,
erhellt sich fast immer dein Gesicht.
Musst du angeklagt vor Gericht mal stehen,
kann dir sehr schnell das Lachen vergehen.

Wundnarben
Es heißt: Zeit heilt Wunden;
sie sind nie ganz verschwunden.
Narben bleiben, es ist das Leid;
dies zu mindern braucht viel Zeit.

Wilde Ehen
„Wilde Ehen" gab es früher selten oder nicht,
war ein Kind unterwegs, war heiraten Pflicht.
In der DDR war das Heiraten Notwendigkeit
für kürzere „Wohnungszuweisungswartezeit".

Allgemeines

Der 6. Sinn

Wenn ich damit auch Außenseiter bin,
ich glaubte als Kind an einen sechsten Sinn.
Habe dieses meistens für mich behalten,
man hätte mich für einen Narren gehalten.
Beweise fehlten, was mir da widerfuhr
von dem vielen Unerforschten in der Natur.
Die Unternächte waren in meiner Kindheit
für meine Vorahnungen eine wichtige Zeit.
In den 12 Nächten vom 25. 12. bis 6.Januar
für das Folgejahr viel voraus zu sehen war.
In der Geisterstunde, so hatte ich vernommen,
würden Tiere Sprechfähigkeiten bekommen
und uns dann in diesen Nächten prophezeien,
welche wichtigen Ereignisse zu erwarten seien.
Heimlich schlich ich in dieser Zeit in den Stall,
Tiere reden hörte ich aber in keinem Fall,
aus Atemgeräuschen der Tiere aber glaubte ich
Wichtiges zu erfahren für die Zukunft, für mich.
Ein Erlebnis, dass ich damals hatte im Krieg,
ich lange Zeit vor meiner Umgebung verschwieg.
Beim mitternächtlichen Horchen im 6. Kriegesjahr,
mir in der 4. Unternacht es ganz unheimlich war,
ich glaubte von Tieren Botschaften zu vernehmen,
dass bald die Feinde in unsere Heimat kämen
und unser Haus von Granaten getroffen wird,
das alles machte mich deshalb ganz verwirrt.

Anmerkung:
Was sich in Wirklichkeit dann ereignete, kann nur schwer in Versform dargestellt werden und ich will es deshalb kurz in Prosa schildern. Die 4. Unternacht steht für den kommenden Monat April. Da rückte tatsächlich die Front der amerikanischen Armee immer näher und Mitte April stand mein Heimatort in Ostthüringen unter Artilleriebeschuss. Auch in unseren Garten in der Nähe der Ställe und des Hauses schlugen Granaten ein, doch wir waren im Keller und sind glimpflich davon gekommen. Meine Vorahnung hatte sich bestätigt. Als ich Mut fasste und dies meiner Großmutter, einer sehr gläubigen Frau, dann doch erzählte, meinte sie: „All diese Bräuche sind eng mit Aberglauben verbunden dem darf man aber nicht verfallen. Du hast in dieser Zeit des Kriegsendes viele Befürchtungen gehabt und das kann dann sehr schnell zum Phantasieren verleiten." Diese Worte machten mich nachdenklich und ich kam in meinem späteren Leben doch weitgehend vom Aberglauben weg.

Die Qualen der Wahlen

Bismarck hat sinngemäß gesagt:
„Viel gelogen wird nach einer Jagd;
zugleich wird während der Kriege
geschwindelt über errungene Siege,
aber viele Lügen hört man allemal
von den Parteien vor der Wahl."

Was im Wahlkampf versprochen
wird häufig sehr schnell gebrochen,
um erneut die Macht zu bekommen
werden Kompromisse angenommen,
was bisher allein das Gewichtige
ist schnell nicht mehr das Richtige.

Meist sind heute vorbei die Zeiten
mit den absoluten Mehrheiten;
zu groß ist jetzt das Parteienangebot
sogar von tiefschwarz bis dunkelrot;
wer kann da noch mit wem koalieren
ohne dabei sein Gesicht zu verlieren?

So ist der Ausgang mancher Wahl
für die Parteien oft eine Qual.
Frage: Ob es an den Wählern lag,
dass einst zur Wahl zum Bundestag
Nichtwähler wieder Erfolge verbuchten,
weil sie nicht fanden was sie suchten?

Vielleicht liegt´s an dem Verdruss
über den vielen belanglosen Stuss,
der im Wahlkampf hervorgebracht
indem jeder jeden schlecht nur macht.
Gute Vorschläge aber Abfuhr erfahren,
wenn sie von „falschen Parteien" waren.

Ausgeklügelt sind heut` die Methoden
mit denen clevere Fachleute ausloten,
was dürfen Kandidaten sagen oder nicht
was steht ihnen im Gehabe gut zu Gesicht?
Für Wähler endet dabei das Verstehen,
Natürliches können diese kaum noch sehen.

Wer dies nicht ernst nimmt soll darüber lachen
aber sagen, was könnten wir besser machen.

Geheimnis mit dem Geheimnis

Im Internet ist mein Name präsent,
bestimmt die Werbung darauf brennt:
Was verbirgt sich hinter dieser Person,
was hat die schon bestellt bei „Amazon"?
Dabei bin ich aber immer bemüht,
dass im Netz man nur Harmloses sieht,
woraus sich kein Gesamtprofil ergibt,
das bei Verkaufstrategen so sehr beliebt.

Viele Sicherungen wende ich an,
damit niemand das knacken kann,
was mein Geheimnis bleiben soll.
Geheimcodes find ich dabei toll.
Doch nun weiß ich fast nicht weiter,
Schutzmaßnahmen finde ich nicht heiter,
denn nachlassendes Gedächtnis, oh Schreck:
Geheimzahl und Passwort sind oft weg!

Worüber vielleicht so mancher lacht,
ich hab mir nun Eselsbrücken ausgedacht,
die sich besser in mein Gehirn einfügen,
denn sie beinhalten unzählige Lügen.
Hier werde ich mich heute nicht offenbaren,
kein Leser soll meine Geheimnisse erfahren.
Mit 85 muss ich jedoch auch daran denken:
„Wem kann ich am Sterbebett Vertrauen schen-
ken?"

Glückliche Ehejahre

Seit nunmehr vierundsechzig Jahr´
sind wir ein glückliches Ehepaar,
als junger Bräutigam und junge Braut
wurden wir damals richtig getraut.
Mit 4 gesunden Kindern, welches Glück,
schauen wir auf viel Schönes zurück.

„Beziehungen" sind heute aktueller,
sich wieder zu trennen geht da schneller.
In diesen geboren wird jedes 4. Kind
in richtigen Ehen es die anderen sind.
Von den Ehen lassen sich 30% scheiden,
unter Trennungen immer die Kinder leiden.

Viele Jugendliche sagen jetzt schnell,
die Ehe, das ist doch ein Auslaufmodell.
Ich will nicht als Moralapostel auftreten
sage aber heute aus Erfahrung jeden:
Ich fand die Frau für mein erfülltes Leben,
für mich konnte es nur Eheschließung geben.

Grenzen in der Selbsthilfe

Ein Hund hat Bauchweh, hat Schmerzen,
das geht dem Besitzer auch zu Herzen.
Was soll er tun in dieser Not?
Selbsthilfe ist wohl das erste Gebot!
Von Bekannten hatte er gehört,
wenn der Stuhlgang gestört
sei Rizinusöl eine bewährte Arznei
und die holte er jetzt schnell herbei.

Ins Futter versteckt werden die Kapseln leicht
dem Patienten in hoher Dosis gereicht,
doch, das gibt es nicht, das kann nicht sein:
Durchschlagender Erfolg stellt sich nicht ein!
Erst beim Röntgen wird dann entdeckt,
was hinter dem Leiden des Tieres steckt.
Im Darm des Hundes war festgeklemmt
ein kleiner Ball, der den Durchgang hemmt.

Ein Eingriff, fachgerecht ausgeführt,
zur Lebensrettung des Tieres führt.
Darum gilt es auch bei Tierkrankheiten:
„Konsultiere den Tierarzt beizeiten,
erkenne, wo am Ende deine Kunst,
hör auf eh du alles nur verhunzt.
Darum ich auch dringend plädiere:
„Besucht die Nothilfekurse für Tiere.“

Mikroorganismen

Ein winzig kleines Bakterium
bringt Menschen und Tiere um;
das tut es jedoch niemals allein,
es müssen immer sehr viele sein.

Mikroorganismen sind nicht nur gefährlich
sondern fürs Leben oft auch unentbehrlich,
sie können folglich gut oder böse handeln
und ihre Eigenschaften mannigfach wandeln.

Hier zeigt sich wiederum in der Natur:
Alle Wesen in ihrer vielfältigen Struktur
können Leben austilgen oder erhalten,
sich feindlich oder auch friedlich verhalten.

Für die Gesellschaft wäre daraus abzuleiten,
für vernünftige Politik gilt in allen Zeiten:
Alle Bemühungen immer darauf zu richten
Leben zu erhalten, nicht zu vernichten!

Vertraue nicht jedem Rat

Von einer Pleite kann man sich nur erholen,
lässt man sich nicht von dubiosen Beratern verkoh-
len,
mit guten Angeboten erschwindeln sie Vertrauen,
doch besser ist es, hinter die Kulissen zu schauen.
In Not geratene sind eine leicht Beute
für hinterhältig und unehrlich handelnde Leute.

Guter und böser Egoismus

Die meisten Menschen meinen, sie sind stets tole-
rant,
jedoch ist die Mehrzahl als schlimme Egoisten be-
kannt.
Tiere nutzen natürlichen Egoismus um ihre Art zu
erhalten,
egoistische Menschen manipulieren dieses Natur-
verhalten;
ihre Ichsucht ist häufig Ursache von Terror und
Kriegen,
sie wollen Vorherrschaft, die Welt soll ihnen zu
Füssen liegen.

Anmerkung:
Der Philosoph Kant hat den Egoismus des Men-
schen als Ursache für Kriege genannt.

Humor

Alltagsleben eines Alten

Wenn ich frühmorgens aufwache
ich jeden Tag das Gleiche mache,
ich prüfe vom Kopf bis Zeh,
tut mir irgendwo was weh?

Eine Stelle find ich immer,
was nützt dann das Gewimmer?
Positiv muss man denken,
dem kein Interesse schenken.

Gehen Schmerzen nicht weg
bekommt man einen Schreck,
im Internet wird recherchiert,
was ist im Körper wohl passiert?

Bei dem Passenden zu suchen
beginnt man dann zu fluchen,
denn es ist eine schlimme Schose
mit richtiger Differentialdiagnose.

Ein alter Mann und der Automat

Was einst ein Automat
mir Schreckliches zu leide tat
gehört zu den heiklen Sachen,
die sind zum Weinen und zum Lachen.

Es war in der Bahnhofshalle,
die Menschen strebten alle
zum Zug, der bald abfahren sollte,
den auch ich gern erreichen wollte.

Ich dachte: „Mein Gott Walter."
Kein offener Fahrkartenschalter,
am Automat eine große Schlange,
mir wurde richtig angst und bange.

Ich begann alles zu hassen,
Automaten und Menschenmassen!
Das Gerät aber ließ sich nicht stören
und mir wollte niemand Vortritt gewähren.

Endlich war ich dran
und mein Martyrium begann.
Ich fand nicht meinen Zielort
und vertippte mich immerfort.

Hinter mir flüsterten die Leute:
„Verbieten müsste man es heute
und den Alten ganz deutlich sagen,
sich nicht an Automaten zu wagen."

Da war es aus mit meiner Geduld:
„Es ist doch nicht meine Schuld",
schrie ich die Wartenden hinter mir an:
„Wenn man Alten keinen Service bieten kann."

Es war schier zum Verzagen,
vom Zug sah ich noch den letzten Wagen.
Dem Automat war es geschickt gelungen,
er hat mich zur Nachsicht gezwungen.

Ich dachte an die Vergangenheit,
als sich unsere Geschwindigkeit
noch dem menschlichen Tun anpasste
und nicht Maschinentempo erfasste.

Trotzdem verzagte ich nicht.
Ich bekam ein lächelndes Gesicht,
war sogar zum Warten bereit.
Ich bin jetzt Rentner: Ich hab Zeit.

Ein Malheur mit Rizinusöl

An der Theke
in der Apotheke
steht ein Mann und klagt,
dass sein Stuhlgang oft versagt.
Der Apotheker weiß Rat,
Rizinusöl hat er parat,
es ist das Mittel der Wahl
zu befreien von der Qual.

Eine Flasche der Arznei
bringt er schnell herbei,
ehe er es aber verhindern kann
wird sie ausgetrunken von dem Mann.
Der Fachmann ist entsetzt und sagt:
„Sie haben Schreckliches gewagt,
versuchen Sie schnell heimzukommen,
der Effekt wird dann bald kommen."

Die Zeit reicht jedoch nicht aus,
er schafft es nicht nach Haus
und das Malheur war riesengroß,
ungestüm ging alles in die Hos´!
Mancher meint: „Viel hilft viel."
Verfehlt damit jedoch sein Ziel:
Gefährlich sind dabei für Laien
schnell stark wirkende Arzneien.

Mit Humor läuft im Alter alles besser

Unsere Urenkel sagten voller Mut:
„Schlecht sehen könnt ihr gut,
aber gut hören könnt ihr schlecht."
Sie sprachen aus, was wahr und recht.

Hilfsmittel fürs Laufen, Sehen, Hören
heut´ zur Standartausrüstung gehören,
daraus entsprang bisher großer Segen,
wir können uns bis ins Alter gut bewegen.

Schlechtes Gedächtnis, das ist aber ärger,
das belastet den Lebensabend viel stärker,
wenn die Umgebung heimlich lacht,
weil man wieder Unsinniges hat gemacht.

Brille auf der Nase, auf dem Kopf die Mütze
und in der Hand zum Gehen die Stütze;
man sucht diese Dinge jedoch immerfort.
Vergisst: Sie sind doch am richtigen Ort!

Sehr peinlich kann es aber auch sein
fällt der Name vom Gegenüber nicht ein.
Man denkt: Wilhelm, Friedrich, Franz.
Es ist jedoch der alte Bekannte Hans.

Nimm´s mit Humor, wenn dir geht etwas schief,
im Leben gibt´s immer ein Hoch und ein Tief.
So war im Parkhaus mein Auto verschwunden,
in der tieferen Etage habe ich es wieder gefunden.

Alte Menschen sind oft richtig froh,
wenn sie wissen, wo ist das nächste Klo.
Jüngere sollten vom Örtchen weichen,
wenn es die Alten gerade noch erreichen.

Und die Moral von dem Gedicht:
„Ihr Jüngeren vergesst es nicht,
akzeptiert unsere vielen Altersschwächen
sonst könnt´ sich das in euerem Alter rächen!“

Rauchen abgewöhnen

Als ich einst noch Zigaretten geraucht
habe ich dafür viel Geld gebraucht
und sehr häufig darüber nachgedacht,
was man mit dem vielen Zaster macht
wenn man könnte das Laster aufgeben
und beginnen ein gesünderes Leben.
Fünfzig Jahre ist es nun bald,
ich war in jener Zeit 36 Jahre alt,
als ich den festen Entschluss gefasst:
Keine Zigarette wird mehr angefasst!
Aber ich verkünde es nun allerorten:
Mein Erspartes ist nicht größer geworden.

Ich beschreibe es, denke heute noch dran
wie damals plötzlich mein Martyrium begann:
Als ich anfing, mir das Rauchen abzugewöhnen
hörten die Mitmenschen mein lautes Stöhnen.
Ich war seinerzeit allein auf mich gestellt
und schimpfte auf die erbarmungslose Welt.

In den Verzichttagen lagen Zigaretten griffbereit,
und ich sagte mir allezeit:
„Lass dich nicht von deiner Sucht verführen,
du darfst diesen Klimmstängel nicht anrühren."
Ausreden und Tricks sollten mir dabei nützen,
selbst Handschuhe mussten vorm Anfassen schüt-
zen!

Die Verführung zum Paffen war stärker zu Haus´
deshalb ging ich viel häufiger als sonst abends aus.
Ich mied alle bisher beliebten Geselligkeiten,
wo man mich konnte zum Rauchen verleiden.
Ich ging in Kinos, dort war Rauchverbot,
verdrängte mit Zwang meine große Not.

Heute finden die „Abgewöhungsbereiten"
Unterstützung von allen möglichen Seiten,
sogar medizinische Hilfe wird empfohlen,
man kann sich Rat von Fachkundigen holen.
Ich aber ging damals allein mit Willensstärke
bei meinem „Abgewöhnungskampf" zu Werke.

Zieh ich nunmehr die bisherige Bilanz,
bin ich heut mit mir zufrieden voll und ganz,
durch Rauchverzicht gewann ich kein Geld
aber bessere Gesundheit hat sich eingestellt.
Verzeihung, Raucher, nehmt es mir nicht krumm:
„Wer weiter raucht, bringt sich selber um!"

Unwirtlicher Ferienort

Viele winzig kleine Bakterien
wollten gern mal in die Ferien.
Sie lebten im menschlichen Darm,
ihrer Umgebung fehlt jeder Scharm.
Und es kann sie auch immer stressen
Nahrung von denen, die viel essen,
dabei diese unbekömmlichen Sachen
immer verdauungsfähig zu machen.
So beschlossen sie ganz spontan:
Wir verlassen diesen engen Darm.

Ganz plötzlich ist es ihnen geglückt,
sie werden nach draußen geschickt,
in eine Klärgrube fallen sie hinein,
soll das vielleicht der Ferienort sein?
Das hatten sie sich anders vorgestellt,
sie kommen in eine unbekannte Welt
in der sie schmutziges Wasser umgibt;
alles wird gewirbelt, zerkleinert, gesiebt.
Wie Blauäugig waren sie bisher nur?
Hier ist von Urlaubsfreuden keine Spur!

Hier müssen sie ums Überleben bangen,
wissen nicht wo sie noch hingelangen.
Nur gut, dass sie so unendlich viele sind
sie trauern nicht um jedes getötete Kind.

Sie vermehren sich durch gekonntes Teilen
und ihre Tätigkeiten vernichten und heilen.
Nur eines, das können sie nun nicht verstehen,
dass die Menschen gern in die Ferien gehen,
die sie als das schönste im Jahr benennen
wobei sie oft das, was sie erwartet, nicht kennen.

Zeugnisnoten

Mit einem großen Mund
tun manche Eltern kund:
„Beste Schüler waren wir allezeit,
immer zum fleißigen lernen bereit."

Vater und Mutter also behaupten,
so dass auch die Kinder es glaubten:
Sie hatten nicht einmal Dreien,
sondern stets nur Einsen und Zweien.

Die Zeugnisse mit den Noten
liegen aber versteckt auf dem Boden,
weil sie absolut nicht taugen
für die kritischen Kinderaugen.

In einem Zeugnis der Kinder steht dann:
„Eine gefährdete Versetzung steht an!"
Weil die Eltern ihr Vorbild beschwören
müssen die Kinder viele Vorwürfe hören.

Sie ziehen sich auf den Boden zurück
und erleben ein befreiendes Glück:
Als sie die Zeugnisse der Eltern finden,
jäh die Vorbildwirkungen schwinden!

Nachdenkliches

Darüber muss man diskutieren

Manchmal wird mir heutzutage ganz bang´,
beginnt eine Evolution im Rückwärtsgang?
Kommen Menschen in den Status der Affen,
weil PC´s teilweise das Denken abschaffen?
Wenig Menschen mit schöpferischen Tätigkeiten
müssen die Denkmaschinen für alle vorbereiten.
Die Gefahr: Diesen könnte es dann gelingen
sich zu Alleinherrschenden aufzuschwingen.
Durch Naturkatastrophen, das ist bekannt,
schon manche Zivilisation verschwand,
ob man nun auch einen Untergang schafft
mit einer wissenschaftlichen Errungenschaft?
Wären diese Szenarien auch aufzuhalten?
Nur, wenn alle vernünftiges Denken behalten!

Eskalierter Meinungsstreit

Oh, wie sind die Menschen dumm,
die bringen sich oft sinnlos um,
nicht, weil es ihnen an Nahrung fehlt,
Überlegener zu sein bei ihnen zählt.
Schon bei kleinem Meinungsstreit
sind manche zur Gewalt bereit,
Schimpfworte reichen nicht mehr aus,
Faustattacken werden schnell daraus.
Kommt Politik ins Spiel dazu
wird daraus ein Krieg im Nu.
Zum Ausbau eigner Machtinteressen
wird alle Moral dann oft vergessen.
Tatsachen werden dazu manipuliert,
und unsinniger Streit, der eskaliert.
Weil sie sich missbrauchen lassen
beginnen Menschen sich zu hassen.
Friedliches bisheriges Zusammenleben
wird wegen Verlockungen aufgegeben,
weil Zwietracht, die die Populisten verbreiten,
viele Unkundige zum Aufstand verleiten.

Mythen

Über Gesundheitsthemen existieren viele Mythen,
ein Indiz, dass sich Menschen immer bemühten
gesund zu bleiben und stets attraktiv auszusehen
und erst im hohen Alter von dieser Welt zu gehen.

Der Wissenschaft gelang es jedoch nur selten
zu beweisen: Allein biologische Gesetze gelten.
Eingriffe, die dazu in Lebensprozesse erfolgen
bleiben bei Mythen oft auch nicht ohne Folgen.

Beispiele hierfür gibt es in sehr großer Zahl.
Denkenden Menschen bleibt aber die Wahl
zu fragen, sind Gesundheitsempfehlungen reell
oder verdient der Berater nur damit schnell?

Mancher Mythos uns auch zum Lächeln bringt,
was besonders bei Schlankheitsdiäten gelingt.
Wenn z. B. die Süßwarenindustrie propagiert,
das Schokoladeessen zum Abnehmen führt!

Auch sollten wir immer wieder daran denken
und den Wunderheilern keinen Glauben schenken,
die ihre Heilkunst als alternativlos darstellen,
deshalb abrücken von wissenschaftlichen Quellen.

Anmerkung:
Anregung zum Gedicht erhielt ich durch die Fern-
sehsendung im 3-Sat vom 19.01.2017 „Scobel" zu
Mythen. Das Gedicht soll nur zum Nachdenken
anregen, weil Mythen ein so umfangreiches kom-
pliziertes Thema sind, bei dem mit wissenschaftli-
chen Beweisen aufgeklärt werden sollte. Doch
muss auch Nichtfachleuten das Recht zur eigenen
Meinungsbildung bleiben.

Sind allein die Menschen klug?

Die Menschen behaupten schon allezeit
allein sie auf der Welt wären gescheit,
doch das leuchtet den Tieren nicht ein,
dann müssten sie alle dumm doch sein!
Die Säugetiere nun darüber debattieren,
sie wollen dieses ad absurdum führen.
Darüber ereifern sich die Menschen sehr
und gleich müssen neue Studien her.
Die Wirtschaft meldet sofort Interesse an,
weil man die Dummen ausbeuten kann!
Lobbyisten werden ins Feld geschickt,
so ist die Studienaussage auch geglückt:
Die Tiere bleiben dem Menschen untertan,
so hörten sich bereits Gottes Worte an,
darum war es auch immer so gewesen,
die Tiere bleiben damit dumme Wesen,
sie zeigen wenig Überlegung beim Verhalten,
einzig und allein wollen sie ihre Art erhalten.

Könnten Menschen da die Dummen werden?
Denn sie verursachen ein großes Artensterben.
Die eigene Anzahl jedoch wächst immerfort,
Bedenken wirft man also einfach über Bord,
dieses aber schneller dazu führt als gedacht:
Aus der Welt wird ein leeres Fass gemacht,
in der das Wasser und die Nahrung ausgehen,

dann gescheite Menschen vor dem Chaos stehen!
Menschen sind höhere Säugetiere in der Natur,
sie erhalten sich und die gesamte Umwelt nur,
wenn sie Tiere nicht mehr als dumm benennen,
sich zum Miteinander mit ihnen bekennen,
auf die Fähigkeiten der Mitgeschöpfe bauen,
nicht auf eigene Überlegenheiten nur schauen!
Ob Tiere denken können ist nicht geklärt,
man aber beim Umgang mit ihnen erfährt:
Sie zeigen ohne Notwehr das Bestreben
mit Menschen friedlich zusammen zu leben.

Smartphon und Tabletts

Zur Sucht wurde es vielfach schon,
eine laufende Benutzung der Smartphon´,
Tablets sind häufig auch mit im Spiel,
schnell informiert zu sein, das ist das Ziel;
unvernünftig getan, kann dies Frust bereiten,
weil normale Gespräche darunter leiden.

Einige Forscher mahnen dazu unentwegt:,
„Ob da etwas in die falsche Richtung geht?"
Zu „Tastern" und „Reibern" werden die Finger,
der Rang des übrigen Körpers wird geringer,
bringt die Evolution einen Menschen zuwege,
dessen Finger beweglich und das andere träge?

Wissenschaft nimmt heute auf alles Einfluss,
alles ist möglich, es gibt nur noch ein „Muss".
Gene, Vererbung werden beliebig gestaltet,
vielleicht sogar die Evolution ausgeschaltet?
Atomforschung und anderes dazu beweisen:
Mit Fortschritt ist die Welt auch einzureißen.

Wahrheitsdilemma

Einbrecher öffnen einen Tresor
und finden gar nichts darin vor,
aber sie werden schnell erwischt
und kommen deshalb vors Gericht,
weil das Einbruchsopfer unterstellt,
sie hätten ihm gestohlen sehr viel Geld;
jedoch den Dieben wird nicht geglaubt,
dass sie letztlich gar nichts geraubt.

Auch dieser Fall wird untersucht,
weil schon mancher war versucht
kaum zu beweisende kriminelle Sachen
sich für eigene Vorteile nutzbar zu machen.
Oft hilft dann dabei findiges Betrügen,
nicht wankelmütig werden beim Belügen.
Zum Schluss wird es in diesem Falle aber heißen:
„Verfahrenseinstellung, Mangels an Beweisen."

Nach Jahren wird der Schwindel aufgeklärt
aber niemand wir bestraft, weil alles ist verjährt.
Trotzdem sollten Ehrliche nicht aufgeben,
weil sie sorgloser und zufriedener leben.

Ungerechte Welt

Hört man die Diagnose: „Bösartiger Tumor"
steht man wie vor einem verschlossenen Tor,
denn leider haben meistens noch in dieser Welt
größere Heilungschancen Leute mit viel Geld.
Doch niemand kann ein ewiges Leben erwerben.
Helft allen: „Würdevoll, schmerzarm zu sterben".

Tiere

Auch Fische empfinden Schmerz

Bekanntlich essen wir immer mehr Fisch,
es gelingt uns, dabei Gedanken abzulenken,
wir freuen uns übers Fischfilet auf dem Tisch
ohne an unsachgemäße Tötung zu denken,
denn Fische gelten als gefühllos und kalt,
ohne Betäubung werden sie oft geschlachtet,
dahinter stecken Habgier und auch Gewalt,
Schmerzen der Tiere werden gar nicht beachtet.

Bösartigkeit und Tierquälerei

Wer Tiere misshandelt ohne nachzudenken sogar,
häufig schon als Kind auch bösartig war.
Haben ihm später im Tierschutz Vorbilder gefehlt,
er als Erwachsener meistens zu den Tierquälern
zählt.

Eine ungewöhnliche Flohgeschichte

Ein weiblicher erwachsener Hühnerfloh
ist über sein Singledasein gar nicht froh,
er lebt in einem großen Hühnerstall,
mit vielen Nahrungsquellen allemal.

Das Flohweibchen beginnt nun zu bangen,
denn sie ergreift großes Verlangen
nach einem passenden Männchen,
„Mann" sagen dazu die Menschen.

Hingebung ist aber dabei zu vergessen,
die Flohfrau ist nur darauf besessen
sich umfangreich zu vermehren,
sich damit der Ausrottung zu erwehren.

Außerdem spürt sie in ihrer großen Not
als Ungeziefer ist ihre Art bedroht;
gegen Einsatz chemischer Waffen
ist es schwer, eine Gegenwehr zu schaffen.

Ein Beispiel zeigte sich im Hühnerstall,
gefordert sind flohfreie Haustiere überall,
den Gifteinsatz, den man hierfür angewandt,
nur sie als einziges Flohweibchen überstand.

Als dann die Bäuerin den Stall betrat
sprang der Floh auf sie, womit er Richtiges tat.
Möglicherweise könnte diese Person ihn retten,
eventuell bringt sie ihn an andere Stätten.

Wirklich befanden sich im Garten, im Auslauf,
noch Hühner und die hatten Flöhe zuhauf.
Hier fand das Flohweibchen den richtigen „Mann"
mit dem es wieder kopulieren kann!

Sollte uns mal ein Hühnerfloh stechen,
sollten wir nicht gleich in Panik ausbrechen.

Fragwürdige Geschenke für Tiere

Der Papagei sitzt stolz
auf der Sitzstange aus Holz.
Eine glatte aus Gold
hätte er gar nicht gewollt,
denn Tiere im Käfig oder Stall
vermissen dort kein Edelmetall.
Artgerechte Haltung und Nahrung,
möglichst natürliche Paarung
ist für Haustiere das Leben,
das sie ganz einfach erstreben.

Die goldne Kette um den Hals
ist für den Hund doch allenfalls
gleiches quälendes Instrument,
wie er es aus Eisen auch kennt.
Mit Diamanten Tiere schmücken,
damit kann man sie nicht entzücken,
auch sind sie nicht darauf besessen
nur aus Porzellannäpfen zu fressen.
Es sind des Besitzers Eitelkeiten,
Hunde mit teuren Pelzen einzukleiden.

Es bleibt immer egoistisches Denken,
will man Tiere in dieser Weise beschenken.

Igelwunsch

Ein Igel weise spricht:
„Im Winter schlafe ich,
fresse auch nicht
und verkrieche mich.

Drum Kleingärtner lasst
die Laubhaufen im Garten,
für Igel die richtige Rast,
den Lenz zu erwarten.

Denkt aber auch daran:
Beim Frühlingserwachen,
brennt das Laub dann nicht an,
es würde den Garaus uns machen.“

Unsere beliebtesten Haustiere

Warum sind Menschen mit Hunden
häufig so einträchtig verbunden?
Weil diese Tiere zu ihnen aufschauen
und aufrichtiges Vertrauen aufbauen.
Man kann ihnen Gehorsam beibringen
darf sie aber nicht unangebracht zwingen.

Warum sind dann auch Katzen beliebt
für die es ein „auf uns Herabschauen" gibt?
Es ist ihre besondere Eigenwilligkeit,
zum totalen Gehorsam sind sie nicht bereit.
Wenn sie wollen und es fällt ihnen gerade ein
können sie aber auch schmusen und anhänglich
sein.

In deutschen Familien bzw. Haushalten
werden in mehr als 50% Heimtiere gehalten.
Vor jeder Anschaffung rate ich deshalb hier
zu fragen: „Welches Tier passt zu mir?
Und Heimtiere nicht als Sache betrachten,
sondern sie immer als Mitgeschöpfe achten.

Satire

Gedanken über Parteien

Wir fanden es in der DDR nicht heiter,
wenn auf der Karriereleiter
besonders die oberen Sprossen
nur vorbehalten waren für SED Genossen.
Auch in der Bundesrepublik
brauchen Staatsdiener viel Geschick
sich nach den Parteien zu orientieren,
die in der Wahlperiode gerade regieren.
Für Beamte ist es deshalb oft eine Qual
wechselt die Regierungspartei nach der Wahl,
denn es klappt nicht immer für jeden
dann auch in die neue Partei einzutreten.
In der DDR war nach der Wende
manche Karriere jäh zu Ende;
das galt aber keinesfalls
für den so genannten Wendehals.

Ich finde es im Übrigen besonders schlecht
wenn es hieß: „Die Partei hat immer recht.“
Das gilt in diktatorischen Staaten.
Tun wir deshalb alles, um da nicht hinein zu gera-
ten.
Wenn allein die Partei alles lenkt,
fühlt man sich oft sehr eingeengt,
wozu das sehr schnell führt,
haben wir in der DDR gespürt.

Weihnachten
Auch das gehört zu Weihnachten

Bei Weihnachtseinkäufen heute
fehlt mir häufig die echte Freude;
in der Welt gibt es riesengroße Not,
hier oft unsinniges Warenüberangebot.
In der DDR einstmals auch waren
Wunschzettel voll mit Mangelwaren.
Ein Glücksgefühl aber auch entstand,
wenn man Passendes irgendwie noch fand;
dazu hatte auch jeder seinen Trick,
man kaufte ständig ein mit viel Geschick.
Im Januar alle schon wieder dachten
ans Kaufen fürs nächste Weihnachten.
Was man im Laufe des Jahre entdeckte,
man schnell als Geschenk versteckte,
dabei konnte es jedoch auch passieren,
Erworbenes aus dem Auge zu verlieren!
Dieses Bevorraten tadelte die DDR – Politik:
„Es bricht der Planwirtschaft das Genick."
Betrachtet Weihnachten wieder als Fest,
das nicht zum Kommerz nur verleiten lässt!
Das größte Weihnachtsgeschenk der Welt
wäre, wenn überall Frieden wieder Einzug hält.

Geschenke

Beim weihnachtlichen Schenken
sollte man auch daran denken:
Griesgrämige sagen: „Bedenkt,

ich will nichts geschenkt,
weil es üblich und beliebt,
dass man dann auch etwas gibt,
es wäre aber ein Missgeschick
gäbe man mehr als erhalten zurück."

Freigebige aber dazu sagen:
„Warum nach Werten fragen?
Freude machen mit Geschenken,
nicht an Gegenleistung denken
ist Glück, das dauernd währt
und zurück zu mir auch kehrt."

Woran ich aber sehr oft denk´:
An das wertvollste Geschenk,
an die Gesundheit, die man
wünschen aber nicht verschenken kann.
Und das größte Geschenk: Leben -
es wird jedem nur einmal gegeben.

Könnte man der Welt Frieden schenken?
Ja, das könnten Menschen, die denken.

Weihnachten und Frieden

„Weihnachten", so sagen viele alte Leute,
„war früher viel schöner als heute",
ich weiß aber, dass vor fünfzig Jahren
etliche Alte gleicher Meinung waren.
Und ich erfuhr, auch Generationen davor
stellten sich Früheres ebenso besser vor.
Deshalb frage ich doch mit Recht:
„Ist jetziges Weihnachten also schlecht?"

Nein, ich erlebte sechs Kriegsweihnachten,
die den Menschen sehr zu schaffen machten,
fast alle, selbst Kinder waren betroffen,
vordergründig war innständiges Hoffen,
es werde der Ruf nach Frieden erhört,
der ja zur Weihnachtsbotschaft gehört.
Schöner als einst ist Weihnachten also heute,
es ist Frieden in Europa, die größte Freude.

Dies, unser Glück, bleibt aber mangelhaft,
in der Welt wurde es noch nicht geschafft
dem Krieg überall den Garaus zu machen,
weil Mächtige allzeit neue Herde entfachen.
Sie vernichten oft im egoistischen Streben
das Wertvollste, unwiederbringliches Leben!
Weihnachten sollten wir darum daran denken,
Kriegsflüchtlingen ein Willkommen zu schenken.

Unser Weihnachtswunsch sei auch genannt:
„Bringt keinen Terror in unser friedliches Land!"
Sollte es uns außerdem auch noch gelingen
übertriebenes Kommerzielles zu bezwingen,
das heute die Weihnachtsstimmung erdrückt,
weil man von festlicher Weihnacht weit abgerückt.
Wird schöner als damals dann Weihnachten?
Auch die Alten könnten es dann so betrachten.